AF260281

L'ABANDON

DE ROME

PAR

M. LE Vᵗᵉ DE LA GUÉRONNIÈRE

SÉNATEUR

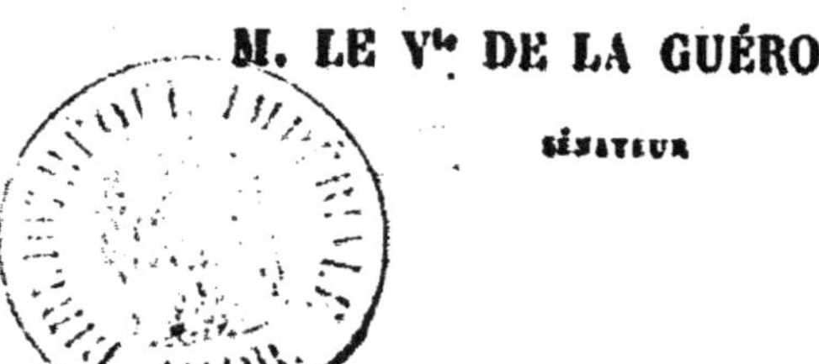

PARIS

E. DENTU, LIBRAIRE-ÉDITEUR

Palais-Royal, galerie d'Orléans, 13

1862

A Monsieur le Rédacteur en chef
de LA FRANCE.

MONSIEUR,

L'abandon de Rome est aujourd'hui réclamé, non-seulement par le gouvernement
italien, mais encore par la plus grande partie
de la presse française ; et ce qui est plus grave,
c'est que, dans les régions officielles, cet acte
est énergiquement provoqué par de hautes et
sérieuses influences. C'est donc le moment de
vous exposer ce que je pense sur cet important
sujet. Ai-je besoin de vous dire que, voulant
le traiter avec toute l'indépendance d'un
homme politique, je ne m'inspire que de ma
conscience.

D'abord, il y a un point que je tiens à éta-
blir au début de cette discussion, parce qu'il
me rapproche de ceux dont je suis le plus sé-
paré : c'est l'impossibilité de maintenir plus
longtemps notre situation diplomatique à
Rome et à Turin. A Rome, M. de La Valette

n'a pu réussir à obtenir aucune concession. A Turin, M. Benedetti a dû se résigner à ne modérer aucune prétention. L'un et l'autre, malgré l'autorité incontestable de leur mission, ne sont, dans leur situation respective, que les témoins passifs de leur propre impuissance, et la politique d'attente et de réserve qu'ils représentent, trahie par les événements, repoussée par les deux partis qu'elle voulait concilier, paraît avoir épuisé ses dernières ressources et dit son dernier mot.

Jusque-là, le *statu quo* avait sa raison d'être; il était le témoignage évident de notre force et de notre patience. Il réservait à la politique française la liberté de son action et l'occasion d'une chance favorable pour faire prévaloir les conseils et les vues du cabinet des Tuileries.

Aujourd'hui, cette situation, n'ayant plus d'objet, n'aurait plus d'excuses; et ses avantages ayant disparu, nous n'en garderions que les inconvénients. Elle compromettrait, en effet, notre responsabilité partout, non-seulement devant la révolution qu'elle irrite, mais aussi devant les catholiques qu'elle inquiète. Elle nous aliénerait en même temps la reconnaissance de l'Italie que nous avons affranchie, et la confiance du pape que nous couvrons d'une respectueuse protection. Nous y perdrions notre crédit auprès des peuples, notre autorité auprès des gouvernements. Responsables et impuissants tout à la fois, nous serions liés à des événements qui nous entraîneraient et qui nous laisseraient sans initiative pour les diriger et sans force pour les retenir.

Un pareil rôle ne saurait convenir à la France. Il importe donc qu'elle s'en dégage au plus vite, et que, répudiant cette politique négative, elle adopte franchement et poursuive avec énergie la solution qui répond le mieux à ses intérêts, à ceux de l'Italie, à ceux de l'Europe.

Mais quelle sera cette solution? Il y en a deux possibles :

La première, c'est l'abandon de Rome, entraînant la chute du pape et l'unité de l'Italie;

La seconde, c'est l'occupation limitée de Rome, avec un but déterminé et sous des réserves formelles, propres à concilier l'indépendance du saint-père et les légitimes aspirations des populations romaines vers le développement de leur existence politique.

Je vais d'abord examiner la première de ces solutions.

J'établirai ensuite les motifs d'ordre politique et moral qui doivent imposer la seconde, en indiquant dans quelles conditions peut seulement s'exercer la souveraineté territoriale du saint-père, et comment l'Italie peut se constituer définitivement dans son indépendance sans avoir Rome pour capitale.

Agréez, Monsieur, l'expression de tous mes sentiments affectueux.

Vte DE LA GUÉRONNIÈRE.

L'ABANDON DE ROME.

I.

La France doit-elle abandonner Rome pour laisser se consommer l'unité italienne ? Sa politique le permet-elle ? Sa profonde et loyale sympathie pour l'Italie le conseille-t-elle ? Enfin ce dénoûment est-il conforme aux intérêts de l'Europe et aux destinées nouvelles vers lesquelles elle marche, dans le mouvement de transformation libérale qu'elle accomplit?

Voilà ce que la diplomatie doit se demander, si elle veut puiser les éléments de ses déterminations dans une sphère supérieure aux accidents de la politique, c'est-à-dire dans les principes qui l'éclairent et dans les intérêts qui la dominent.

Voyons l'Italie d'abord.

Je ne répéterai pas ce que j'ai eu l'honneur de dire à la tribune du Sénat sur l'impulsion irrésistible qui, de Rome, entraînerait nécessairement la monarchie italienne vers Venise.

Il est à remarquer que cette première conséquence de notre abandon n'est contestée par
personne, et non-seulement elle n'est pas contestée, mais elle est revendiquée par la révolution comme une étape marquée de ses futu-
res destinées. La délivrance de Venise, pour
elle, ne serait pas un but, et cette noble cliente
du droit des nationalités ne serait disputée à
la servitude étrangère que pour devenir l'o-
tage de la propagande européenne.

Venise affranchie, la révolution ne serait
pas satisfaite ; elle n'en serait que plus auda-
cieuse. Déjà elle a marqué du doigt le Tyrol
et le golfe de Trieste comme les limites de
l'unité italienne et comme des postes avancés
vers l'Allemagne, la Hongrie, la Grèce, la Po-
logne.

Sans doute, dans toutes les nationalités qui
veulent revivre ou se développer, il y a des
exigences légitimes, de nobles infortunes, de
grandes vertus, dignes au plus haut degré de
la sympathie de l'Europe libérale ; mais ce
n'est ni de la violence, ni de l'insurrection, ni
de la guerre qu'elles doivent attendre de justes
satisfactions : c'est par le développement régu-
lier des idées de justice et de droit dans la société européenne, qu'elles arriveront à des
conditions politiques plus larges et plus en

rapport avec leur histoire et leurs généreuses aspirations.

Ce n'est là, d'ailleurs, qu'un point de fait au-dessus duquel s'élèvent des motifs d'ordre supérieur et permanent. La plus grande objection contre l'unité définitive de l'Italie, ce n'est pas la nécessité d'une guerre contre l'Autriche, peut-être inégale, ou d'une guerre universelle, assurément désastreuse.

Il y a un résultat bien autrement grave, parce qu'il atteindrait la nature historique et morale de l'Italie. Admettons que la monarchie italienne soit définitivement constituée et qu'elle s'étende depuis le golfe de Trieste jusqu'à la mer de Sicile, est-ce que cette étendue de territoire pourra compenser la perte de ce qui a fait son individualité historique et sa grandeur morale? Est-ce qu'elle n'en aura pas moins perdu l'honneur et la force de cette souveraineté spirituelle dont elle est le berceau, et qui, l'image auguste du chef de l'Église, s'impose à deux cents millions d'hommes? Est-ce qu'elle n'aura pas accompli sa rupture avec le catholicisme?

On ne change pas la nature d'une race et d'un peuple. Il est impossible de méconnaître ce caractère particulier de grandeur que la papauté a imprimé à l'Italie, et qui se retrouve

toujours jusque dans ces conflits et ces déchi-
rements au milieu desquels son indépendance
a péri, comme un reflet de sa gloire historique
et comme une espérance de ses destinées fu-
tures. Et l'on voudrait détruire cela ! Mais
l'Italie ne serait plus elle-même, et ce qu'elle
gagnerait en territoire, dans un développement forcé, violent, passager peut-être, ne
compenserait jamais ce qu'elle perdrait en bri-
sant les traditions de son génie.

Séparée du catholicisme, que serait, d'ailleurs, cette monarchie qui prendrait au Vati-
can la place du chef de l'Église ? De deux
choses l'une : ou elle aboutirait à ses fins, c'est-
à-dire à l'absorption de la papauté, et alors,
comme je l'établirai plus loin, elle créerait au
sein de l'Europe, en face des nations catholiques, et particulièrement de la France, une
sorte de suprématie qui modifierait profondément son équilibre moral et politique ; ou, ce
qui est le plus probable, ce qui est même cer-
tain, le roi d'Italie ne trouverait plus le pape
à Rome quand il y entrerait, et son triomphe
marquerait l'exil du successeur des apôtres.

Cela étant, — et cela serait, — je dis que la
monarchie italienne serait profondément alté-
rée dans son caractère monarchique. Le sentiment national exalté la porterait jusqu'au Ca-

pitole; la réaction inévitable du sentiment religieux, fortifié par le prestige d'un pape exilé et par tous les instincts conservateurs qui s'effrayent facilement de ces ébranlements imprimés à ce qu'il y a de plus vivant, à la conscience, la laisserait bientôt dans l'isolement. Elle serait condamnée à chercher son point d'appui dans la révolution, c'est-à-dire dans cette négation de tous les principes d'ordre, de justice et de hiérarchie dont le sombre fanatisme de Mazzini prépare le triomphe avec tant de patience et d'énergie. Oui, qu'on ne s'y trompe pas, le dernier mot de cette situation, c'est Mazzini.

Victor-Emmanuel à Rome y trouve, en effet, un précédent terrible : c'est la république de 1848, jetée à bas par l'épée de la France. Il renverse ce que nous avons relevé, et il relève ce que nous avons renversé. Mazzini devient un des ancêtres de cette monarchie, et qui pourrait dire quel en serait l'héritier? Le Roi se place ainsi, malgré lui, malgré les souvenirs glorieux de sa maison, dans le mouvement révolutionnaire. Chef et libérateur de la grande patrie italienne, il n'est plus que l'instrument d'un parti, et, après être arrivé où Garibaldi voulait le conduire, il aboutit nécessairement où la démagogie voudra l'entraîner.

Pourquoi alors avoir traité comme un fac-
tieux, et pourquoi punir comme un coupable
le héros aventureux qui vient de tomber dans
les montagnes d'Aspremonte? Si on réalise son
programme après avoir brisé son épée, on
n'aura préparé que son triomphe, et la sellette
sur laquelle il va s'asseoir sera presque aussi
élevée que ce trône que son impatience voulait
transporter à Rome, après l'avoir imposé à
Naples. Garibaldi n'était qu'un soldat; sa défaite pouvait discréditer son audace. Son pro-
cès va grandir sa popularité, et si ceux qui le
jugent l'imitent un jour et reprennent le che-
min de Rome sur les traces marquées par le
sang d'Aspremonte, ce n'est pas seulement une
apothéose qu'ils provoquent, c'est le dictateur
de la révolution italienne qu'ils désignent!

En résumé, sur ce premier point, le plus
grand malheur qui pourrait peser sur l'Italie,
ce serait d'arriver au terme de ses ambitions
et de détrôner le pape à Rome, pour y poser
le couronnement de son unité. Elle y trouverait non-seulement la nécessité d'une guerre
contre l'Autriche pour affranchir la Vénétie,
et le péril d'une guerre générale; mais elle y
rencontrerait aussi le cri des consciences, le
remords de l'apostasie et l'asservissement de
toutes les grandeurs de son histoire et de toutes

les espérances de sa nationalité à la révolution.

Ce n'est pas là ce que peuvent vouloir ses amis sincères, ceux qui ont encouragé ses efforts quand ils semblaient si impuissants, ceux qui ont plaidé sa cause quand elle était si peu comprise. Ce n'est pas pour faire triompher l'idée de Mazzini que la France a entrepris une grande guerre; c'est pour la détruire, au contraire, et pour éteindre les haines qu'elle alimentait, en constituant une Italie indépendante et libérale, liée à tout le mouvement européen, et qui, fidèle au caractère historique de sa nationalité, laisse à la Ville Éternelle sa mission marquée par Dieu et les hommes, en accomplissant toutes les destinées d'un peuple libre.

II.

Ce n'est pas assez d'avoir établi que l'unité italienne avec Rome pour capitale était incompatible avec l'unité catholique ayant Rome pour métropole, et que cet antagonisme, en réalisant la pensée de Mazzini, consommait le schisme politique et religieux de la Péninsule avec la monarchie et la papauté.

Si je prouve que l'intérêt de la France et

celui de l'Europe repoussent également l'existence d'un grand royaume italien qui absorberait toutes les autonomies créées par l'histoire et par les mœurs, la conclusion de ce travail se déduira naturellement, et la solution, que la diplomatie cherche, se présentera comme l'impérieuse nécessité de tous les intérêts qui s'y trouvent engagés.

Ce n'est pas, en effet, l'initiative des hommes d'État qui pourrait jamais créer une solution pour de telles situations; ce sont les événements qui l'indiquent; c'est l'ensemble des combinaisons de l'ordre européen qui l'impose.

Cela étant admis, qu'il me soit permis d'abord de laisser parler en toute liberté le sentiment de la grandeur morale et nationale de mon pays. Beaucoup d'écrivains de talent raisonnent en France comme s'ils étaient Italiens; ils me pardonneront de ne point oublier que je suis Français.

Il me faut revenir, avant tout, sur l'alternative que j'ai posée plus haut : ou l'unité italienne absorbera la papauté, ou elle la proscrira.

Si elle l'absorbe, comme le rêvait M. de Cavour dans les desseins grandioses que son esprit avait tracés, d'un empire romain réalisant à Rome l'alliance du sceptre et de la tiare, la

France perd immédiatement la prépondérance qu'elle exerce depuis Charlemagne, comme puissance catholique. Cette prépondérance se déplace, et elle va tout entière au royaume d'Italie.

Ici j'invoque, à l'appui de cette opinion, un témoignage qui ne sera pas suspect, celui de l'Empereur Napoléon Ier. Dans un de ces admirables entretiens de Sainte-Hélène, que le noble dévouement du comte de Las Cases recueillait pour en composer ce livre immortel où l'on sent à chaque page la sagesse que donne le malheur à côté de la clairvoyance qu'inspire le génie, l'ancien conquérant de l'Europe ouvrit un jour toute son âme sur les motifs qui avaient dicté sa conduite vis-à-vis du pape. Ce n'est pas lui qui aurait jamais pu concevoir cette combinaison, si étrange et si étourdiment adoptée par la presse démocratique de France, d'un souverain étranger dominant, du haut du Capitole, la papauté pour l'asservir à une souveraineté qui ne serait pas française. Une pareille conception eût soulevé en lui tout ce qu'il y avait de patriotisme.

Ce qu'il voulait, ce qu'il poursuivait, c'était le contraire. Quand il plaça sur sa tête la couronne de fer à Milan, quand il fit enlever Pie VII pour le conduire à Savone et l'amener à Fontainebleau, quand il décora du titre fastueux de Roi de Rome l'héritier de sa puissance, il se proposait de réaliser, au profit de l'Empire, les conditions de grandeur et de domination que les démocrates français entendent assurer au royaume d'Italie ; il le disait à M. le comte de Las Cases en ces termes, qui ne sauraient être trop médités : « J'allais relever « le pape outre mesure, l'entourer d'hom- « mages ; il fût demeuré près de moi ; Paris « fût devenu la capitale du monde chrétien, « et j'aurais dirigé le monde religieux ainsi « que le monde politique : c'était un moyen « de plus de resserrer toutes les parties fédé- « ratives de l'Empire. »

Tel était le mobile de l'Empereur, mobile immense, irréalisable, inconciliable avec l'état de l'Europe moderne, rêve gigantesque d'un esprit dont la puissance d'impulsion mesurait l'impossible. Lui, qui avait relevé l'influence religieuse au milieu des témoins et des acteurs de la révolution, il savait très-bien qu'elle était inséparable, non-seulement de la destinée de l'homme, mais encore de la vie des peuples ; et cette conviction, dans un esprit absolu comme le sien, l'amenait à cette pensée fausse et dangereuse de l'union, dans ses mains, de la dictature des consciences et du

pouvoir politique. « Cette union, disait-il,
« l'Angleterre, la Russie, les couronnes du
« Nord, une partie de l'Allemagne la possè-
« dent ; Venise, Naples en avaient joui. On ne
« saurait gouverner sans elle. »

En un mot, c'est l'empire d'Occident que le
nouveau Charlemagne voulait fonder, et,
comme on vient de le voir, dans ses vues si
profondes, le pape, résidant à Fontainebleau,
devait être l'agent le plus important de cette
grandeur sans limites.

Voilà ce que la presse démocratique française voudrait faire, non plus au profit de la
France, mais contre la France, en transportant
à Rome cette union formidable de la puissance civile et de l'autorité religieuse ; à Rome,
dont le nom seul est un signe de souveraineté,
tantôt militaire et politique, tantôt spirituelle,
et qui s'est imposée par la foi, quand elle ne
s'est pas imposée par la force.

En sorte que la France, comme l'entendent
les maîtres de la démocratie, renierait les an-
tiques croyances qui se sont mêlées avec ses
mœurs, avec sa gloire, et dont sa civilisation
est en quelque sorte pétrie ; ou, si elle restait
catholique, elle serait en face d'une suprématie qui, au nom du sentiment religieux, pèse-
rait sur son indépendance nationale ; lle au-

rait pour chef spirituel, à Rome, un pape nécessairement assujetti aux ambitions du roi d'Italie, et la soumission des consciences entraînerait ainsi l'abdication du patriotisme.

Maintenant, dites donc à la Rome chrétienne d'ouvrir ses portes au roi d'Italie ; dites-lui de partager avec lui la Ville Éternelle et de placer le tombeau des apôtres derrière son trône ! Si vous réussissiez, si cette diplomatie à contre-sens pouvait prévaloir, si l'unité italienne et l'unité catholique, cédant à vos conseils, se réconciliaient, ce serait le plus grand malheur qui pourrait arriver à la France. Elle devrait choisir entre ces deux termes également désastreux : la rupture avec le chef de l'Église, c'est-à-dire le schisme; ou la soumission à une autorité asservie, c'est-à-dire la subordination du patriotisme à la conscience.

Passons à l'autre hypothèse, la plus vraisemblable, la seule admissible, il faut bien le reconnaître ; car le pape qui consentirait à exercer son pontificat à côté du roi d'Italie, sans aucune garantie possible d'indépendance, ne serait plus le pape. Tout au plus serait-il le patriarche de Rome. Le triomphe de l'unité italienne ne laisserait donc d'autre refuge à la liberté du chef de l'Église que l'exil.

Ce serait là un de ces grands et douloureux

événements qui remuent la conscience humaine. Croit-on que la France pourrait en dégager sa responsabilité? Croit-on qu'il lui serait possible de se désintéresser dans cette commotion? Croit-on que son gouvernement resterait neutre entre l'anxiété des catholiques et le triomphe de la révolution? Il faudrait prendre un parti, celui de la résistance, ou celui de l'adhésion.

Si la France résistait à cette situation, ce serait sa rupture avec l'Italie; si elle cédait, au contraire, ce serait sa complicité.

Ennemie ou complice de l'unité italienne, voilà la double impossibilité à laquelle la France serait réduite par l'abandon de Rome.

A-t-on bien mesuré les conséquences de cette rupture? A-t-on bien pesé les résultats de cette complicité?

Ennemis de l'Italie, nous serions obligés de tourner contre elle l'épée qui l'a affranchie; après avoir brisé l'oppression qui l'enchaînait à l'Autriche, nous aurions à refouler les entraînements qui la précipiteraient dans l'anarchie; il nous faudrait peut-être refaire contre elle le Solférino que nous avons fait pour elle.

Quant à la complicité, elle serait autrement plus grave. S'est-on bien rendu compte de ce que serait, pour la France, le lendemain de la

chute de la papauté? Écartons les équivoques
et les hypocrisies, et voyons quel serait le vé-
ritable sens de cet événement. Ce serait l'ébranlement de la puissance catholique dans notre
pays, l'ébranlement du sentiment religieux et
de tous les principes conservateurs dont il est
l'origine et la sauvegarde. Ce jour-là, les athées,
les rationalistes, les socialistes triompheraient,
et ils auraient bien raison, car ils auraient rem-
porté une grande victoire.

Oui, le jour où l'unité italienne serait cou-
ronnée à Rome, où la papauté tomberait, où
l'Église recevrait ce grand ébranlement, ce jour-
là, ne nous y trompons pas, nous retourne-
rions à 1792, c'est-à-dire à l'avénement de la
révolution au pouvoir. Un trône asservi, une
Église subordonnée, l'épiscopat assujetti, le
concordat brisé et remplacé par la constitution
civile du clergé, l'État absorbant la vie sociale,
prenant les droits et la place de l'initiative in-
dividuelle et de la conscience, voilà le but!
La dictature révolutionnaire, voilà le moyen!

Que la papauté tombe avec l'assentiment de
la France, et tout cela se produit spontanément; que la pierre sacrée sur laquelle repose
cette grande institution religieuse et politique
soit ébranlée, et la société française se déplace
nécessairement. Alors, par une pente irrésis-

tible, le gouvernement de ce pays est précipité aux conséquences radicales et absolues où il n'a jamais pu atteindre, parce que, toutes les fois qu'il y a penché trop visiblement, la réaction du bon sens public l'a redressé avec énergie par le contre-poids de toutes les forces vitales de la société.

Mais, grâces à Dieu, il y a deux obstacles à l'accomplissement de ce plan : c'est d'abord le sentiment de l'opinion, bien différent de celui de la plus grande partie de la presse, et qui, si l'on peut le tromper, ne saurait jamais être faussé; il y a en second lieu la haute et puissante volonté qui préside à nos destinées, et qui, fidèle à la tradition d'un nom qui a deux fois rétabli l'ordre moral dans notre pays, ne voudra jamais le laisser détruire.

III.

Mais ce n'est pas seulement notre grandeur morale qui est incompatible avec l'unité italienne; notre intérêt national la repousse également.

L'équilibre du monde est fondé sur la bonne distribution des forces qui le composent. Cet équilibre avait été faussé par les traités de 1815. C'est à le redresser que s'est justement appliqué l'héritier du glorieux vaincu de Waterloo.

Refouler l'Autriche, affranchir l'Italie, créer une grande fédération italienne, tel était le programme de notre politique avant la guerre, et c'est pour le réaliser que l'Empereur a fait la paix.

Plus tard, quand ce programme a été modifié par les événements, après l'annexion des duchés au Piémont, la France a compris qu'elle devait se garantir contre un voisin qui s'étendait ainsi, et elle a réclamé Nice et la Savoie.

Depuis cette époque, le Piémont a successivement envahi les Marches, l'Ombrie, le royaume des Deux-Siciles; il demande Rome et la Vénétie.

Si cette revendication devait aboutir, l'Italie aurait trente millions d'habitants, Venise lui rendrait le commandement de l'Adriatique; baignée par deux mers, sa puissance maritime se développerait sur neuf cents lieues de côtes; sa puissance militaire, protégée par les Alpes, aurait dans le quadrilatère une des défenses les plus formidables de l'Europe, et ses lignes stratégiques, que la nature a créées et que l'art a fortifiées dans un pays traversé par tant de rivières et où chaque ville est une place forte, offriraient à une armée nationale un champ de bataille comme il n'en existe peut-être nulle part.

L'Italie ainsi constituée dans sa double puissance militaire et maritime, avec l'audace qui est un des caractères de cette race si richement dotée, avec l'énergie des ambitions nationales longtemps comprimées, l'Italie devient un grand État de premier ordre, et si l'honorable M. Thouvenel a cru devoir garantir son pays contre des extensions qui ne comprenaient alors que les États du Nord, je me demande ce que lui imposerait aujourd'hui sa prévoyance d'homme d'État en face d'un tel agrandissement.

Il est bien évident que ce royaume, placé si près de nous, modifie profondément la situation politique et militaire de la France.

Et qu'on ne s'y trompe pas, une Italie nouvelle surgissant ainsi, c'est une autre Europe qui se forme. L'exemple de l'unité italienne porte avec lui ses conséquences naturelles, et l'unité allemande est déjà en travail. Ainsi la perspective se développe, et au moment où un grand royaume cherche à se constituer sur les Alpes, un grand empire rapproche visiblement les éléments de sa nationalité pour se fonder sur le Rhin.

Quoi qu'il arrive, la France sera toujours la France : en face de l'empire d'Allemagne comme du royaume d'Italie, elle resterait toujours avec ses vertus militaires, sa grandeur intellectuelle, ses inépuisables ressources. Mais il est de la dernière évidence que ces puissantes unités, en se constituant si près d'elle, la placeraient en dehors de toutes les conditions de son histoire, de ses alliances, de sa politique en Europe, et pour rester ce qu'elle est, ce qu'elle a toujours été, elle devrait nécessairement en adopter d'autres.

Il faut aller plus loin, et reconnaître que cette modification si radicale de nos rapports avec l'équilibre européen ne permettrait pas de maintenir les limites territoriales que les traités de 1815 ont détruites. Avec un royaume italien de trente millions d'hommes sur notre frontière du Midi; avec un empire allemand de quarante millions d'hommes sur notre frontière de l'Est; lorsque notre frontière du Nord, ouverte, n'a guère d'autre défense que le patriotisme français, la France ne serait pas en sûreté. Entourée de toutes parts de voisins presque aussi puissants qu'elle, elle serait à la merci de leur reconnaissance ou de leur sympathie. Une pareille situation serait inacceptable pour un peuple qui a toujours agi dans sa liberté d'action, et qui a dû à cette indépendance de sa politique la grandeur de son influence.

Voilà ce que l'unité italienne produirait pour notre pays. Je le dis sincèrement, en bon citoyen, parce que j'ai cru utile de laisser parler une fois l'intérêt français dans cette question, où j'entends chaque jour tant de voix qui défendent uniquement les intérêts de l'Italie.

Il est bien entendu que j'ai dû me placer, dans cette discussion, sur le terrain de mes contradicteurs, en admettant, pour les combattre, ce qui me paraît inadmissible, en acceptant comme un fait ce qui n'est qu'une aspiration. Je ne me sépare pas des réserves et des défiances avec lesquelles la diplomatie française a toujours suivi le développement de l'œuvre de l'unité dans la Péninsule, et je reste convaincu que, même avec Rome pour capitale, cette œuvre ne se consoliderait jamais. C'est en touchant au but qu'elle se briserait. L'unité, prenant la place de la papauté, serait étouffée entre la guerre et la révolution.

S'il pouvait en être autrement, si ceux qui l'acceptent ou qui l'encouragent devaient avoir raison, c'est la grandeur de leur pays qu'ils compromettraient.

Cette situation se résume donc par un di-

lemme qui est celui-ci : Ou l'unité italienne
succombera dans les convulsions de sa propre
existence, et elle compromet l'Italie elle-même,
après avoir tout ébranlé en Europe ; ou elle
réussira et elle portera une perturbation profonde à l'ordre européen et à la puissance nationale de la France.

Dans l'un et l'autre cas, les conséquences
sont faciles à prévoir.

Maintenant, il me reste à indiquer les liens
qui unissent l'Europe à la papauté, et à préciser les conditions dans lesquelles doit s'exercer son intervention diplomatique pour mettre
un terme à la crise actuelle.

IV.

Si l'unité italienne est inconciliable avec
l'ordre dans la Péninsule, avec la grandeur
morale et nationale de la France, avec l'équilibre de l'Europe, quel sera le sort de l'Italie ?

Si la papauté doit être souveraine à Rome
pour exercer dans le monde entier sa souveraineté spirituelle, quelles seront les conditions de ce pouvoir par rapport aux populations qui lui sont soumises ?

Si notre occupation militaire ne peut se maintenir indéfiniment, quelles sont les garanties qui la limiteront?

Enfin, si l'intervention diplomatique de l'Europe est nécessaire pour régler ce grand intérêt, quels sont les motifs qui la justifient, quels seront les principes qui la dirigeront?

Je pose ici tous les points de la solution que l'opinion publique attend avec plus d'impatience encore que d'inquiétude. Quant à cette solution elle-même, je n'aurai pas la témérité de la créer : mon rôle se borne à préciser celle qui me paraît commandée par tous les intérêts qu'elle est tenue de satisfaire.

D'abord, il faut constater un fait : c'est que l'unité italienne, telle que la France l'a reconnue, mais non approuvée, est une fausse unité. C'est un corps sans tête. Lorsque, dans une sollicitude assurément très-louable, l'honorable M. Thouvenel conseillait aux Italiens de choisir pour capitale une de leurs grandes villes historiques autre que Rome, il donnait un conseil sincère sans aucun doute, mais inacceptable. A Florence, à Milan, comme à Turin, le nouveau royaume ne trouvait pas ce centre de puissance nationale, cet axe solide et large de centralisation administrative et politique, sans lesquels le gouvernement d'un peuple de trente millions d'hommes est impossible. Quand la France avait Bourges pour capitale, c'est qu'elle était près de périr, et ce n'était là pour sa monarchie que le refuge de ses désastres. Le cri de guerre de Garibaldi : *Rome ou la mort !* n'était donc que l'explosion téméraire de ce que la logique a de plus rigoureux : avec Rome, l'unité périrait sans aucun doute, et elle se briserait sur la pierre où elle remplacerait le trône du souverain pontife; sans Rome, elle n'existe pas.

Si Rome appartient à la papauté, si la papauté elle-même est liée indissolublement à la vie politique de la France et de l'Europe, l'Italie doit-elle donc périr? N'y a-t-il rien de possible pour elle en dehors de l'unité? Est-elle condamnée fatalement à entrer à Rome ou à subir la révolution à Turin et l'Autriche à Milan? Est-ce dans ces termes absolus que se pose le problème de son avenir?

Non! l'effort d'un peuple qui se constitue est sans doute inséparable des agitations et des ébranlements qu'une si grande œuvre imprime à son patriotisme. Mais l'œuvre elle-même est assurée. Ce n'est pas pour retomber dans l'anarchie ou sous l'oppression étrangère, que l'Italie s'est relevée après tant de siècles de servitude.

C'est là un point important qu'il est utile de déterminer de la façon la plus nette : la nationalité italienne n'a rien à redouter ni de la réaction ni de la révolution. Elle peut se constituer, s'organiser dans la mesure où son développement naturel ne touchera pas à l'ordre européen, et si l'un des ennemis qui la menacent la mettait en péril, si son indépendance était jamais atteinte par un retour offensif de l'Autriche ou par le débordement des passions anarchiques, elle trouverait sa sauvegarde dans tous les intérêts qui l'attachent aujourd'hui à la France et à l'Europe.

Ainsi tombe cet argument des partisans de l'unité qui font de leur système une question de salut public pour la Péninsule. Le danger n'est qu'en eux ; ils sont l'obstacle, et c'est en s'affranchissant de leurs conseils et de leurs entraînements que l'Italie trouvera enfin les conditions de son existence politique.

Mais où les trouvera-t-elle ? Est-ce dans le retour au traité de Villafranca ? Je n'hésite pas à répondre négativement. Si l'unité sans Rome est une chimère, la fédération avec l'Autriche, puissance italienne en Vénétie, ne serait qu'une illusion. Venise ne peut être confédérée avec la nationalité italienne que le jour où elle sera libre. C'est parce qu'elle ne l'était pas

que le traité de Zurich est resté une lettre
morte.

Comme il ne saurait venir à la pensée d'aucun homme sérieux d'arracher la Vénétie par
la force à l'Autriche, il faut donc que l'Italie
s'organise en dehors de cette partie de sa nationalité ; le temps seul est un assez grand di-
plomate pour amener des transactions qui per-
mettront aux Hapsbourg de céder sans s'affaiblir, et de renoncer à une domination que la
conquête leur a donnée, et que la force seule
peut leur conserver, sans préjudice pour l'autorité et la dignité de leur couronne.

Ainsi la fédération ne serait possible qu'entre les États libres de la Péninsule. Mais quelles
sont les autonomies qui devraient en faire partie ? Verrions-nous revivre toutes ces petites
nationalités qui ont disparu spontanément au
premier souffle de l'indépendance, et qui se
sont données librement à la maison de Savoie ?
Verrions-nous se reconstituer ces capitales qui
n'étaient malheureusement pour les peuples
et pour leurs souverains que des garnisons
de l'Autriche, Florence, Parme, Modène ? Évidemment, cela ne serait pas possible. L'Italie
unitaire serait la concentration exclusive et
forcée d'éléments distincts, dont l'histoire et
les mœurs imposent la séparation ; mais une

Italie trop divisée serait trop facilement accessible aux influences étrangères, et son indépendance ne serait pas suffisamment garantie par sa puissance politique.

Ce que la nature des choses indique, c'est une grande fédération entre deux États considérables, l'Italie du Nord et l'Italie du Midi. Entre ces deux États s'élève une puissance qui est admirablement placée pour les unir, sans que l'un soit subordonné à l'autre : c'est la papauté, dominant moralement cette fédération, et faisant ainsi réellement de Rome la capitale de l'Italie, en lui conservant ce caractère exceptionnel, qui fait d'elle la capitale du monde chrétien.

C'est la pensée de Villafranca, ramenée à son application pratique, modifiée par les événements qui se sont produits et dont il est impossible de ne pas tenir compte; c'est l'union qui doit précéder l'unité, selon l'expression de l'Empereur lui-même, et c'est véritablement l'unité, la seule sérieuse, la seule réelle, la seule conforme au génie de l'Italie.

Au nord, une grande monarchie, digne de la gloire de la maison de Savoie, transportant sa capitale à Florence, et attendant un jour la Vénétie, c'est-à-dire la domination de l'Adriatique et le rempart formidable du quadrilatère.

Au midi, Naples, avec les deux Siciles, une des premières capitales du monde, une baie magnifique, une étendue immense de côtes, ayant à ses pieds la Méditerranée, qui ouvre à son commerce, à son activité, des routes sûres et faciles vers l'occident et le levant.

Au milieu, Rome, ville neutre, asile invio-lable de la plus haute puissance morale de ce monde, centre glorieux de toutes les aspira-tions nationales de l'Italie, au-dessus desquel-les s'élève, non comme un maître, mais comme un arbitre, le représentant auguste de l'auto-rité divine.

Voilà ce qui convient à l'Italie ! Ce n'est pas là une création arbitraire : c'est l'empreinte de la nature d'un peuple, dans l'organisation politique qui doit s'adapter fidèlement à sa constitution territoriale et morale. Dans ce plan, calqué sur l'histoire et le sol de la Pé-ninsule, rien n'est forcé, ni contraint : les li-mites s'établissent d'elles-mêmes ; les autono-mies subsistent où elles ont été constituées par des intérêts permanents ; les innovations trans-forment sans détruire, le progrès découle de la tradition, et les éléments de la nationalité italienne se rapprochent, s'assemblent, s'unis-sent par le lien fédératif et se prêtent une force respective, au lieu de se paralyser et de s'anéantir par l'antagonisme dans la dictature de l'unité.

Maintenant, quel sera le mode d'existence d'une pareille fédération? L'union des États fédérés sera-t-elle purement diplomatique et militaire, comme celle de la Confédération germanique? Sera-t-elle législative? Y aura-t-il un Parlement où l'Italie, représentée tout entière, trouvera l'impulsion et le contrôle de sa vie publique? Où siégera ce Parlement? Ce sont là des questions de détails dont l'étude serait déplacée dans ce travail. La diplomatie seule peut les aborder et les résoudre.

Je n'ai qu'à me demander si l'exécution de ce plan général est possible, et à bien préciser la condition politique qu'elle ferait à la papauté.

V.

Où serait l'obstacle à une fédération comme celle dont les bases viennent d'être indiquées? Il y en aurait deux : l'un dans la résistance que rencontrerait, à Turin, la séparation d'avec Naples ; l'autre, dans l'impassibilité négative que Rome paraît vouloir opposer à toute combinaison qui ferait entrer le gouvernement pontifical dans la voie de la transaction avec les faits accomplis.

Ces deux obstacles sont-ils absolus? Pour répondre à cette question, ce n'est pas la résistance, mais l'impulsion qu'il faut mesurer. Il n'y a d'absolu dans ce monde que ce qui est d'ordre supérieur et immuable. Si invincible que soit l'impassibilité de Rome, si arrêtée que paraisse la résistance de Turin, s'ils luttent contre une nécessité, ils céderont. La force des choses domine la force des volontés.

La question se pose donc ainsi : Naples peut-il rester attaché au Piémont par la violence, après avoir été conquis par la surprise? Le gouvernement politique de la papauté peut-il se maintenir tel qu'il est, sans existence propre, sous la protection d'une armée étrangère, en dehors des principes qui transforment la société moderne et qui s'imposent à l'Europe entière?

Évidemment non!

Quant à Naples d'abord, sa fusion dans l'unité n'est que l'abdication de sa nationalité. Si ce régime prend le caractère de l'oppression étrangère, il supprime la vie nationale; il s'exerce par la dictature, il s'impose par la violence. Au lieu d'être la garantie de l'indépendance, il en est la destruction. Qui est-ce qui gouverne dans l'ancien royaume des Deux-Siciles depuis la perte de son autonomie? Ce ne sont pas les Napolitains. Tout est piémontais: le gouvernement, l'administration, l'armée; il y a là dix millions d'hommes qui forment l'une des plus belles parties de l'Italie, qui ont eu leur part dans le mouvement politique de leur pays, qui sont nés pour être soldats, marins et citoyens, qui seraient les sujets libres d'une monarchie nationale, et qui se considèrent comme les sujets conquis d'une domination étrangère.

Est-ce qu'une situation aussi anormale peut être durable? Est-ce qu'elle ne porte pas avec elle une condition de trouble profond pour ceux qui l'imposent comme pour ceux qui la subissent? Est-ce que l'unité italienne, fondée sur la servitude, est une condition d'affranchissement pour l'Italie méridionale? et n'est-elle pas plutôt pour elle, sous une autre forme, la continuation du despotisme dont elle a si longtemps porté l'humiliation et la douleur?

A l'heure qu'il est, on n'a guère d'illusions à Turin. Le voyage du roi à Naples a soulevé toutes les émotions passagères et frivoles qui, dans un peuple aussi impressionnable, répondent à toutes les pompes officielles. Mais on n'a rien changé, ni rien résolu. Le roi a trouvé

Naples un peuple facile à séduire, plus difficile à entraîner, impossible à dénationaliser.

Quel est donc l'intérêt du roi Victor-Emmanuel vis-à-vis de Naples? Son intérêt, ce n'est pas de s'y maintenir, malgré tous les instincts nationaux, par l'occupation militaire; c'est d'en sortir avec honneur après y être entré sans droit et sans prévoyance.

La question romaine est plus compliquée; mais elle n'est pas plus insoluble.

Malheureusement les bonnes intentions du gouvernement français ont toujours été méconnues. Si notre influence avait rencontré moins d'obstacles dans les conseils du saint-père, tout serait terminé. Le pape n'aurait pas perdu les Marches et l'Ombrie; l'autorité morale de la France aurait dominé l'effervescence de l'unité, et de grands malheurs eussent été évités.

Aujourd'hui, quelle est la situation? Le pape règne à Rome et sur le patrimoine de saint Pierre. Le drapeau de la France protége le territoire pontifical contre toute invasion.

Notre occupation militaire doit avoir un terme. La sauvegarde matérielle qu'elle assure au saint-père est un affaiblissement, de plus en plus marqué, de sa puissance morale. En témoignant de notre dévouement, elle montre son impuissance gouvernementale. Il est donc utile de la faire cesser le plus tôt possible.

Comment peut-elle cesser?

Les dernières propositions que M. de La Valette a été chargé de transmettre, et qui comprenaient la garantie du territoire pontifical actuel, ont été considérées à juste titre comme le dernier essai de la politique qui tendait à réconcilier Rome et Turin. Tandis que le gouvernement du roi Victor-Emmanuel et le parlement italien revendiquent Rome comme un droit et une nécessité, le saint-père refuse formellement d'entrer en négociation avec ceux qui l'ont dépouillé, et de reconnaître les faits acquis.

Sur ce terrain, en effet, tout est épuisé, il n'y a plus rien à faire; il serait puéril d'insister.

De deux choses l'une : ou nous devons nous retirer de Rome, comme le demande toute la presse démocratique et semi-officielle, ou il faut recourir à d'autres moyens d'action pour mettre un terme à la crise italienne et pour dénouer la question romaine. Il n'y a que ce dernier parti qui convienne à l'honneur et aux intérêts de la France.

Pour amener l'Italie et la papauté à s'entendre dans un conflit aussi grave que celui qui les sépare, ce n'est pas trop de la juridiction la plus haute, c'est-à-dire d'un congrès de l'Europe. Déjà, en 1859, cette juridiction avait été mise en mouvement; mais, à cette époque, les grandes puissances de l'Europe étaient presque toutes hostiles à l'Italie : l'Autriche sortait d'une lutte qui, en lui laissant le ressentiment de sa défaite, lui interdisait de souscrire à une transaction; la Prusse et la Russie considéraient avec défiance le développement d'une nationalité que les traités de 1815 avaient voulu étouffer. Devant un congrès ainsi composé, l'Italie, affranchie à Solférino, aurait plutôt trouvé des ennemis que des juges et des alliés.

Aujourd'hui, c'est bien différent, et le cabinet des Tuileries, en provoquant avec tant de prévoyance, à Berlin et à Pétersbourg, l'acte diplomatique qui a complétement rapproché les cabinets de ces deux grands États de la politique française, a rendu possible en 1863 l'intervention européenne qui n'aurait pu se produire utilement en 1859.

C'est là un premier résultat considérable et un progrès marqué vers une solution.

La France a deux choses à faire aujourd'hui, c'est de préparer les grands États de l'Europe à se réunir le plus tôt possible en congrès, et à faire adopter préalablement par eux les bases sur lesquelles ils auront à délibérer.

Ces bases sont naturellement indiquées :

1° Division de l'Italie en trois États unis par un lien fédératif;

2° Garantie par l'Europe du territoire pontifical formé de la ville de Rome et du patrimoine de saint Pierre;

3° Réserve, au profit du saint-père, de sa souveraineté sur les Marches et l'Ombrie, et d'un tribut qui lui serait payé sur les revenus de ces provinces, dont l'administration resterait confiée à l'un des deux souverains de l'Italie;

4° Union militaire, diplomatique, juridique, douanière et monétaire entre tous les États de l'Italie.

On aperçoit tout de suite les conséquences d'une telle organisation, le gouvernement politique du saint-père dégagé par la fédération de toutes les responsabilités qui peuvent gêner la conscience du Pontife. Ce gouvernement ne fait plus peser sur les populations les contraintes qui sont inhérentes à sa nature; les sujets du pape deviennent les citoyens d'un gouvernement national et d'un peuple libre, et, de cette façon, la liberté de l'Italie se concilie avec l'indépendance de la papauté.

Une autre conséquence se produirait encore : c'est que la France peut se retirer de Rome en laissant la garantie européenne à la place de son drapeau. Il est bien entendu que sa retraite ne saurait être immédiate. Mais le jour où le congrès de l'Europe aura déclaré inviolable la frontière des États pontificaux, sous la sanction du *casus belli*, le cabinet des Tuileries est dégagé, et il a le droit de limiter son occupation, et, en marquant d'avance l'heure du départ de nos soldats, il oblige les conseils du saint-père à entrer plus franchement dans la voie des réformes et à chercher dans l'opinion l'appui que son autorité ne trouvera plus derrière nos armes.

VI.

Où serait donc l'obstacle à une pareille solution?

Quelle est la puissance qui n'y adhérerait pas? Serait-ce l'Angleterre? Sans doute, il y a dans le sentiment public de ce pays une haine ardente contre la papauté, et, qu'on ne s'y trompe pas, ce n'est pas seulement l'Église que l'Angleterre voudrait atteindre, c'est la France surtout qu'elle voudrait affaiblir.

Le fanatisme anglican et la jalousie nationale provoquent ce double résultat; mais nous ne craignons pas de dire que l'Angleterre estime trop la France pour en espérer l'accomplissement.

Ce n'est pas une nation où le sentiment religieux tient une si grande place et commande tant de respects, qui pourrait demander sérieusement à la France d'anéantir l'autorité d'une religion qui, depuis quinze siècles, est liée à tout le mouvement de son histoire, à tout le progrès de sa civilisation. L'Angleterre nous applaudirait, sans doute, si nous lui sacrifiions le pape, mais elle nous estimerait moins. Dans ses meetings et dans ses journaux, elle nous excite à l'apostasie; mais, à la table d'un congrès, elle n'oserait pas nous la conseiller. Si elle le faisait, elle serait seule. Elle ne le ferait pas, car elle est trop jalouse de son influence pour vouloir se séparer des sentiments politiques de l'Europe.

Quand l'Europe aurait prononcé, l'autorité de sa décision serait si grande, que nous ne comprenons pas de résistance possible.

Cependant, une hypothèse doit être prévue: si Rome et Turin refusaient de se soumettre à cet arbitrage européen, que fera-t-on? Les obligera-t-on à exécuter cette décision suprême? Le nouveau congrès, comme celui de Laybach, cherchera-t-il dans l'intervention militaire la sanction de son droit de juridiction diplomatique? J'ai la ferme conviction que cette extrémité ne serait pas nécessaire; mais je n'hésite pas à déclarer qu'elle ne serait pas légitime. Le refus du gouvernement pontifical et du roi Victor-Emmanuel, si, par impossible, il se produisait, ne pourrait avoir d'autre conséquence que le maintien du *statu quo*. Nous sommes à Rome, nous l'occuperions jusqu'à ce que les résistances fussent vaincues. Les résolutions de l'Europe subsisteraient avec leur autorité; elles discréditeraient les résistances, elles resteraient comme un point d'attente pour une adhésion, qui viendrait nécessairement, parce que l'obstination contre l'intérêt général et contre l'opinion publique est un fait anormal, irrégulier et transitoire.

Ce n'est donc jamais ni par la contrainte, ni par la guerre que l'Italie sera organisée. Son patriotisme triomphera de son ambition; et, quant à la papauté, la part qui lui serait attribuée est trop belle pour qu'il soit permis de craindre qu'elle repousse les garanties sérieuses que lui offriraient le respect et le dévouement de l'Europe.

Mais ce n'est pas seulement l'arrangement des affaires de Rome et de l'Italie qui sortirait de ces assises de l'Europe : il en sortirait un résultat autrement plus important au point de vue des principes et des intérêts de l'ordre moral qui, dans cette question, lient la société européenne à la grandeur et la sécurité de la papauté.

Il ne faut pas mesurer l'action de la papauté et l'influence qu'elle exerce dans le monde à l'étendue du territoire qu'elle occupe. Si elle forme un petit État, elle représente une grande puissance. Pourquoi ses ambassadeurs occupent-ils le premier rang dans les cours étrangères? Pourquoi les plus grands souverains reconnaissent-ils en elle une supériorité qui les domine?

N'avons-nous pas vu, à notre époque, l'empereur de toutes les Russies, Nicolas Ier, le chef schismatique d'un peuple de soixante millions d'hommes, s'approcher respectueusement du saint-père et rendre hommage à sa grandeur morale? Que l'on se reporte à une époque plus éloignée, et que l'on se souvienne de cette commotion profonde produite dans le monde par la lutte d'un pape dépouillé et exilé contre ce glorieux conquérant devant lequel tout s'inclinait, et l'on se rendra compte de ce qu'est la papauté, et du rôle qui lui appartient dans l'équilibre des États.

Entre la souveraineté que Grégoire VII voulait s'arroger sur la société politique, et la servitude que l'unité italienne entend imposer au pape, qui ne serait plus que l'instrument de ses ambitions, il y a une place magnifique à prendre pour la papauté, réconciliée avec l'Italie, unie avec l'Europe moderne, éclairant et modérant tout à la fois la raison, la liberté, le progrès, c'est-à-dire toutes les conquêtes humaines, qui ne sauraient être séparées de la force supérieure qui les produit et qui doit les inspirer et les diriger.

VII.

En résumé, l'unité italienne ne serait pas le salut de l'Italie ; elle serait l'écueil inévitable de son indépendance ; si elle échouait, elle compromettrait l'œuvre que la France a payée de son sang, elle engloutirait dans les mécomptes de ses ambitions les glorieux résultats de Solférino ; si, par impossible, elle réussissait, au contraire, elle absorberait le pape ou elle le proscrirait, et, dans l'un et l'autre cas, elle porterait une atteinte profonde aux rapports nécessaires de la société moderne avec l'unité catholique ; l'équilibre moral, politique, militaire de l'Europe serait profondément troublé, et une nation de trente millions d'hommes, assise sur deux mers, protégée par les Alpes, abritée dans le quadrilatère vénitien, changerait toutes les conditions des rapports de la France avec l'ordre européen; la guerre générale, 5oo,ooo hommes en ligne de bataille, un milliard à engloutir dans le budget de la guerre, et cela pour donner la Vénétie à l'Italie, et créer près de nous un peuple rival, tel est le bilan de l'abandon de Rome!

L'unité absolue n'étant pas possible, l'unité actuelle n'étant pas durable, la fédération de Villafranca n'étant pas pratique, Naples ne pouvant rester attaché à Turin que par la force, les États romains devant participer au mouvement national sans échapper à l'autorité du souverain pontife dont ils garantissent l'indépendance, il faut nécessairement ramener l'Italie aux conditions naturelles et historiques de sa vie politique; il faut consacrer les divisions territoriales que la nature a créées et que l'intérêt général doit maintenir. L'Europe seule est assez puissante pour accomplir cette œuvre, et de son intervention sortira une alliance plus étroite entre la civilisation et la liberté qu'elle représente, et les principes d'ordre moral dont Rome est l'asile.

Voilà ce que j'ai voulu exposer dans ce travail. Au moins mes contradicteurs me rendront cette justice que j'ai été sincère et précis : j'ai dit sans hésitation tout ce qui paraissait impossible et tout ce qui me semblait nécessaire.

Il est impossible que l'Italie soit livrée à la réaction ou à la révolution.

Il est impossible que l'unité italienne se constitue à Rome, car son triomphe amènerait un schisme, une guerre générale et une modification profonde de l'équilibre de l'Europe.

Il est impossible que la France laisse tomber la papauté qu'elle a toujours protégée, et qu'elle favorise, à ses portes, la constitution d'un grand État de premier ordre, qui contrebalancerait sa puissance, si elle ne la complétait pas par des extensions territoriales que cette éventualité rendrait indispensables.

Il est nécessaire que la nationalité de l'Italie soit organisée de manière à satisfaire le patriotisme d'un grand peuple, dont l'existence est désormais inséparable de la puissance de la France et de la sécurité de l'Europe.

Il est nécessaire que la papauté soit souveraine à Rome, afin que l'unité catholique qu'elle représente conserve l'indépendance sans laquelle elle n'existerait plus.

Il est nécessaire, enfin, que l'Europe intervienne, et qu'au nom de l'intérêt général qu'elle représente, elle apaise tous les conflits, elle domine toutes les résistances, elle consacre tous les droits.

Je n'ai ni l'honneur, ni la prétention d'être l'interprète du gouvernement de mon pays. Mais, en disant, avec l'histoire, avec la raison, avec le patriotisme, ce qui est impossible et ce qui est nécessaire dans cette grande question, je crois avoir suffisamment indiqué les résolutions que la politique française n'adoptera jamais, et le but vers lequel elle tendra toujours.

VIII.

Qu'il me soit permis, dans un dernier mot, de placer ici un sentiment tout personnel en l'élevant jusqu'au rapprochement de deux dates politiques auxquelles mon nom a eu l'honneur d'être mêlé.

On m'oppose sans cesse des écrits dont on a beaucoup parlé, en s'étonnant de me voir défendre ce que j'ai toujours défendu. Parce que j'ai, plus qu'un autre peut-être, montré mon dévouement à l'Italie, on ne comprend pas que je reste fidèle à la papauté. Parce que j'ai regretté hautement les résistances qui ont paralysé les efforts du gouvernement de l'Empereur à Rome, on ne me pardonne pas l'inflexibilité de conscience et de patriotisme avec laquelle je répète aujourd'hui ce que je disais alors, ce que je dirai toujours : la France ne laissera jamais tomber la papauté.

On est allé plus loin et on a recueilli minutieusement des paroles tombées de bien haut sur la politique dont j'avais été l'humble et sincère défenseur.

Ces souvenirs sont douloureux ; mais si j'étais capable de me laisser guider par les susceptibilités légitimes qu'ils éveillent, si l'amertume de ces injustices pouvait parler en moi plus haut que la conscience et la raison, je ne serais pas digne d'être un homme politique.

Je ne suis point l'avocat de ceux qui se sont faits mes juges ; mais si quelque chose est de nature peut-être à leur inspirer un regret et à me dispenser d'un remords, c'est de voir qu'aujourd'hui je ne suis pas leur accusateur. Les applaudissements, qui cherchaient à m'entraîner, ont été aussi impuissants que les reproches pour me faire dévier de la politique que j'ai suivie, et que, dans ma conviction, j'ai jugée la plus conforme à cette grande cause de l'alliance de la liberté des peuples et de l'indépendance de la papauté, qui est le devoir inflexible de la France.

Paris. — Imprimerie de Ad. R. Lainé et J. Havard, rue des Saints-Pères, 19.